NATIONAL
GEOGRAPHIC

Peldaños

LA BUENA TIERRA

2 **Los suelos: Donde nacen los alimentos**
Artículo científico
por Richard Easby

12 **La Tierra en movimiento** *Lectura de opinión*
por Beth Geiger

18 **Sueños hechos polvo** *Artículo de Historia*
por Beth Geiger

26 **Preservar el suelo** *Artículo científico*
por Beth Geiger

32 **Comenta**

LOS SUELOS

por Richard Easby

Donde nacen los alimentos

Granjeros como Ismail Hassoun Hariri se esfuerzan para sembrar cualquier tipo de cultivo en esta tierra árida en Siria. El promedio de lluvia anual es de solo 23 centímetros (9 pulgadas). En algunos años muy secos, los cultivos de cebada no pueden madurar. En ese caso, solo se pueden usar para alimentar a las ovejas y las cabras.

Las "ciudades muertas" de Siria

Alguna vez se construyeron ciudades y aldeas en esta región montañosa del noroeste de Siria. Las personas deambulaban por calles transitadas entre templos, juzgados y tiendas. Los mercados estaban llenos de alimentos deliciosos. Entre las ciudades, bosquecillos de olivos cubrían la tierra. Luego, hace siglos, se abandonaron estas ciudades.

En la actualidad la tierra carece de árboles y es rocosa. Las plantas luchan por crecer en el suelo, que es fino y seco. Si no fuera por las ruinas de piedra, sería difícil creer que alguna vez alguien vivió allí. ¿Qué fue lo que probablemente sucedió?

Los antiguos granjeros de esta región talaron bosques para plantar olivos. El comercio de la aceituna era importante para su prosperidad. Pero sin una cubierta forestal que protegiera el suelo de la luz solar y la lluvia intensa, los granjeros tuvieron que proteger el suelo de la **erosión** por su cuenta. (La erosión se produce cuando el agua o el viento se llevan el suelo). Los granjeros tuvieron éxito por siglos, hasta que una guerra evitó que siguieran protegiendo la tierra. El agua se llevó el suelo lentamente. Con menos suelo para absorber la lluvia, la tierra se secó rápidamente. Las vertientes subterráneas dejaron de fluir porque la tierra no absorbía la lluvia. No se podía vivir allí sin un suelo apto para la agricultura y sin agua.

Las "ciudades muertas" de Siria son ruinas en un desierto creado por el hombre.

En la actualidad, aproximadamente siete mil millones de personas dependen de los alimentos que se cultivan en el suelo. Los granjeros deben producir cada vez más alimentos. Los científicos están preocupados porque no estamos cuidando bien la tierra.

HECHO | Aproximadamente el 99.7% de los alimentos para los seres humanos proviene de la tierra.

La meseta de Loess es importante para los granjeros. Aún así, la tierra presenta muchos desafíos.

La meseta de Loess de China

La meseta de Loess de China se formó a lo largo de miles de años a medida que el viento acumuló el cieno en grandes pilas de suelo amarillo, llamado loess. El proceso que acumuló el loess se llama **sedimentación.** La meseta de Loess es el mayor depósito de loess del mundo. Cubre un área del tamaño de Francia, Bélgica y Holanda combinados, aproximadamente. Generaciones de granjeros han vivido de esta tierra. Algunos hasta han vivido en cuevas excavadas en las laderas empinadas.

La meseta de Loess es un ejemplo claro de cómo podemos dañar el suelo. En la década de 1950, los granjeros comenzaron a construir terrazas para aumentar la cantidad de tierra de labranza. Cuando lo hicieron, eliminaron todas las plantas nativas que crecían en las pendientes empinadas.

Cuando el loess está seco es duro como la roca; las paredes de las terrazas se mantuvieron firmes y el rendimiento de las cosechas mejoró por un tiempo. Pero durante cada estación lluviosa, el loess húmedo se desmoronó y las terrazas se deshicieron. Sin plantas nativas, el suelo se erosionó. No se pudieron reconstruir las terrazas lo suficientemente rápido y el problema continuó por décadas. Finalmente, las personas tenían que irse o pasar hambre. La meseta de Loess se convirtió en uno de los lugares de más rápida erosión de la Tierra.

Desde entonces, el Gobierno chino ha trabajado con los granjeros para desacelerar la erosión. Los granjeros plantan árboles y hierbas que pueden mantener el suelo en su lugar, pero la erosión sigue siendo un problema. Debe hacerse mucho más para que la labranza pueda ser efectiva en esta región.

HECHO China pierde su suelo un 40% más rápido de lo que le toma a la naturaleza reponerlo.

En la provincia de Yunnan, China, las cosas no están tan mal. El arroz se ha cultivado en campos, o arrozales, como este por siglos. El agua estancada evita que el suelo se seque y se erosione. Los granjeros suelen criar peces en los campos inundados. El excremento de los peces aporta nutrientes al suelo.

Los científicos no están seguros de si los indígenas americanos crearon *terra preta* a propósito o por accidente. Pero se reconoce su valor. Hace mil años, dos grupos quizá entraron en guerra por el control de la *terra preta*.

Terra preta en el Amazonas

Los suelos del bosque tropical amazónico son frágiles. Si los granjeros talan árboles para despejar la tierra y cultivarla, exponen el suelo a las lluvias intensas y al sol ardiente. La pequeña cantidad de **minerales** y nutrientes del suelo se erosiona rápidamente. El suelo que queda se vuelve duro y seco. Por lo tanto, los científicos se sorprendieron cuando hallaron un suelo oscuro fértil junto al río Amazonas. Un suelo así no debería existir allí ni en ninguna otra región tropical. Resultó que el suelo había sido hecho por el hombre.

La capa vegetal negra y fértil se llama *terra preta,* que significa "tierra negra". ¿Cómo la hicieron los indígenas americanos que vivían aquí? Comenzaron quemando materia vegetal a una baja temperatura para producir carbón. Luego, enterraron el carbón en agujeros poco profundos junto con desperdicios de alimentos e incluso cerámica rota. El carbón ayudó a evitar que los nutrientes agregados se erosionaran, lo que mejoró mucho el suelo.

Eduardo Góes Neves (al centro, con camisa azul) es arqueólogo. Cree que los pueblos antiguos crearon este suelo mezclando ceniza con desperdicios de alimentos.

En la actualidad, la *terra preta* se usa para mejorar los suelos de las regiones tropicales alrededor del mundo. Los científicos esperan que esto lleve a producir más alimentos para la creciente población del mundo.

HECHO   A la naturaleza le toma 500 años reponer 2.5 centímetros (1 pulgada) de capa vegetal.

El desierto recuperado de Sahel

Una fotografía de 1986 muestra que este lugar en Burkina Faso era un desierto. Desde entonces, los aldeanos han reforestado el paisaje.

La zona seca y calurosa entre el Sahara y los bosques húmedos de África central se llama Sahel. La población creció rápidamente aquí en la década de 1950, y la agricultura se intensificó. Al principio la tierra parecía sustentar a la población creciente, pero dos sequías en la década de 1970 y 1980 perjudicaron bastante a esta región. Más de 100,000 personas murieron por la escasez de alimentos. El suelo se secó y se endureció. Cuando las lluvias finalmente llegaron, la tierra no podía absorber el agua. El agua erosionó la superficie y se llevó trozos de suelo consigo.

Los granjeros han vencido al desierto lentamente y han restaurado grandes áreas del Sahel. ¿Cómo triunfaron en el restablecimiento de la tierra?

Los granjeros colocaron largas hileras de piedras a lo largo de la tierra. Cuando llovía, las piedras desaceleraban el agua que fluía sobre la tierra seca. Así, el suelo pudo absorber el agua. El agua introdujo el cieno fértil y las semillas de plantas dentro del suelo. El cieno enriqueció el suelo con nutrientes. Las semillas brotaron en el suelo más fértil y más húmedo. Las hileras de piedras se convirtieron en hileras de plantas, y ayudaron a desacelerar aún más el flujo del agua. Crecieron más plantas, que enriquecieron más el suelo. En unos años, estas simples hileras de piedras habían restablecido campos enteros.

HECHO Se considera que aproximadamente 850 millones de personas están desnutridas.

Issa Aminatou de Níger alimenta a su familia con alimentos que cultiva en tierra que alguna vez fue infértil. Después de las sequías, la Organización de las Naciones Unidas para la Alimentación y la Agricultura intervino. Reclutó a 10,000 mujeres para que plantaran millones de árboles. Las raíces de los árboles reducen la erosión y también ayudan a que el suelo absorba la lluvia.

La familia Reed perdió un pie de suelo en algunas partes de su granja de maíz. Para limitar la erosión, cambiaron su manera de cultivar. Cletus Reed espera que su nieto trabaje estos campos algún día. "La tierra nos cuida según como la cuidamos a ella", dice.

Compactar las Grandes Llanuras

En la muestra anual "Días de Tecnología Agrícola" en Wisconsin, los granjeros examinan algunas de las máquinas agrícolas más recientes y grandes. Tractores y cosechadoras pintadas con colores brillantes se elevan por sobre la multitud. Pocos se percatan de que estas máquinas grandes y pesadas literalmente aplastan la vida de la tierra.

Cuando una cosechadora de 15 toneladas rueda sobre un campo, su peso compacta la tierra como una aplanadora. La compactación es un peligro grave para el suelo en los Estados Unidos. Aquí, muchos granjeros necesitan máquinas enormes para sembrar y cosechar cantidades enormes de alimento.

Las máquinas pesadas causan la compactación del suelo. Reduce las cosechas. El problema puede costarles a los granjeros de los EE. UU. más de $100 millones por año.

Los suelos fértiles de la mayor parte de las Grandes Llanuras y el Medio Oeste están compuestos por trozos sueltos de sedimento y minerales que se mantienen unidos por material orgánico. Diminutos bolsillos de aire permiten que el agua y las raíces penetren el suelo. Cuando las máquinas pesadas eliminan los bolsillos de aire, las raíces no pueden crecer y el agua no puede absorberse. El agua fluye sobre la superficie compactada y causa erosión. La compactación y la erosión producen un menor rendimiento de los cultivos.

En la actualidad, los Estados Unidos produce más alimento que nunca, pero hay un problema. Las prácticas agrícolas modernas dañan el suelo. Algunos agricultores reconocen el problema y están cambiando la manera en la que cultivan. Comprenden la necesidad de cuidar el suelo para que alimente a las futuras generaciones.

HECHO La erosión del suelo le cuesta al mundo $400 mil millones al año.

Compruébalo ¿Cómo está amenazado el suelo? ¿Por qué es importante cuidar el suelo?

LA TIERRA EN MOVI

EL 10 DE ENERO DE 2005, LOS HABITANTES DE LA CONCHITA, CALIFORNIA, OYERON UN TERRIBLE RUGIDO. SEGUNDOS DESPUÉS, UNA PARED DE SUELO, LODO Y ROCA SE ESTRELLABA CONTRA LA CIUDAD DESDE UN BARRANCO. EL **DERRUMBE DE TIERRA** ENTERRÓ VARIAS CASAS. MURIERON DIEZ PERSONAS.

MIENTO

por Beth Geiger

Esta casa en La Conchita quedó casi sepultada por el derrumbe de tierra de 2005. Los rescatistas trabajaron día y noche para liberar a los residentes que estaban atrapados.

Los derrumbes de tierra como el de La Conchita suceden con mucha frecuencia. Los daños causados por derrumbes de tierra le cuestan a los Estados Unidos más de mil millones de dólares por año. En el mundo, los derrumbes de tierra matan a más de 5,000 personas cada año y dejan a miles de sobrevivientes sin hogar.

Es más probable que un derrumbe de tierra ocurra en las pendientes que tienen una capa subterránea de arcilla resbalosa. Las lluvias intensas humedecen el suelo y hacen que la pendiente sea aún más resbalosa. La atracción de la gravedad se encarga del resto. Los terremotos también pueden hacer que las pendientes se derrumben. Los derrumbes de tierra suelen ser peligrosamente rápidos. Otros se producen con lentitud a lo largo del tiempo. El movimiento lento de la tierra cuesta abajo se llama fluencia lenta.

Los derrumbes de tierra que son lentos hacen que las casas y los caminos cedan y se destruyan. Los derrumbes de tierra rápidos pueden enterrar casas bajo toneladas de lodo; son más peligrosos porque suceden sin advertencia. ¡Los derrumbes de tierra más rápidos pueden producirse a velocidades de hasta 322 kilómetros (200 millas) por hora!

Los ingenieros usan diferentes métodos para intentar detener los derrumbes de tierra. Una estrategia común es canalizar el agua adicional para que el suelo no la absorba. Pilares de hormigón o acero pueden ayudar a mantener la pendiente en su lugar.

Los muros de contención en la base de una pendiente son otra manera de contener el suelo. También se pueden construir casas en pendientes para resistir mejor los derrumbes de tierra.

Si una pendiente no puede hacerse segura, el Gobierno local puede prohibir la construcción allí.

En 2011, un derrumbe de tierra lento destruyó varias casas en el valle Keene, Nueva York. Los derrumbes de tierra lentos se llaman fluencia lenta. Este tuvo casi una milla de ancho. Fue el derrumbe de tierra más grande que se registró en la historia del estado.

LOS DERRUMBES DE TIERRA EN LOS EE.UU. COBRAN MÁS VIDAS POR AÑO QUE TODOS LOS OTROS DESASTRES NATURALES COMBINADOS.

¿SE DEBERÍA PERMITIR QUE LAS PERSONAS VIVAN DONDE PUEDE OCURRIR UN DERRUMBE DE TIERRA?

NO

No todas las medidas de ingeniería funcionan. Por ejemplo, este muro de contención de piedra colapsó sobre un camino.

El Gobierno es responsable de evitar que se construya en lugares riesgosos. Los planificadores y los ingenieros trabajan para mantener a salvo a las personas. Si ocurre un derrumbe de tierra, se los puede responsabilizar por permitirle a las personas que vivan en situación de riesgo. Por lo tanto, los funcionarios del Gobierno estudian cada pendiente antes de permitir que se construya en ella.

La ingeniería no puede detener todos los derrumbes de tierra. Por ejemplo, consideremos el derrumbe de tierra de Portuguese Bend cerca de Los Ángeles, California. Es un derrumbe de tierra que se mueve lentamente. Se hicieron trabajos de ingeniería para detenerlo, pero la pendiente continúa moviéndose cuesta abajo. Las casas que hay allí han quedado destruidas o dañadas. Por lo tanto, el Gobierno no permite más construcciones en esa pendiente. "A lo largo de los próximos cientos de años, esta tierra se deslizará hasta llegar al océano", escribió un funcionario.

Los contribuyentes no deberían pagar por soluciones costosas porque algunas personas no se quieren mudar de donde están en riesgo. En La Conchita, dicen los geólogos, el próximo derrumbe de tierra puede ocurrir en cualquier momento. Los contribuyentes quizá tengan que pagar por soluciones de diseño o incluso reconstruir casas dañadas. "La naturaleza puede afectarnos, independientemente de donde vivamos", dice un geólogo. "Pero si las personas eligen vivir en áreas con riesgo extremo y previsible, no deberían esperar que otras personas paguen por eso".

SÍ

Los trabajadores usan barras de acero y hormigón para construir un muro de contención. El muro protegerá un camino nuevo de los derrumbes de tierra.

El riesgo existe en todos lados, entonces, ¿por qué se culpa a los derrumbes de tierra? Hay otros peligros naturales, como los relámpagos, los árboles que caen o los terremotos. La probabilidad de salir lastimado o de que nuestra casa se dañe por un derrumbe de tierra es bastante baja.

La ingeniería puede hacer que ciertas zonas donde se producen derrumbes de tierra sean seguras. Veamos la isla Fidalgo, en Washington. Después de que una pendiente costera comenzara a agrietarse y moverse, los propietarios de las casas construyeron un muro de roca junto a la costa. El muro ayudó a evitar que las olas hicieran que la pendiente fuera más empinada. Los ingenieros también canalizaron el agua fuera de la colina. Ellos dicen que ahora es seguro allí.

No se debe forzar a mudarse a quienes están dispuestos a correr el riesgo. Muchas personas están dispuestas a correr el riesgo porque les gusta el lugar donde viven. En La Conchita, hubo personas que se volvieron a mudar a la zona justo después del derrumbe de tierra de 1995 y de otro en 2005. Querían permanecer en su encantadora ciudad junto a la playa.

Compruébalo ¿Con qué opinión estás de acuerdo? ¿Cuáles son tus razones?

SUEÑOS

por Beth Geiger

"Los vientos desataron su furia con una fuerza que sobrepasa mi imaginación. Sopló sin interrupción durante cien horas y parecía como si toda la superficie de la tierra fuera a desaparecer. Hasta donde llegaba mi vista, mis campos estaban completamente yermos".

—LAWRENCE SVOBIDA

Este granjero describía el Tazón de Polvo, un terrible desastre que afectó el sur de las Grandes Llanuras en la década de 1930. El Tazón de Polvo hizo que millones de personas perdieran todo lo que tenían. También hizo que se cambiara la manera en la que los granjeros labraban la tierra.

HECHOS POLVO

Un granjero de Oklahoma y sus hijos se dirigen al interior de su vivienda durante una tormenta de polvo.

El Tazón de Polvo comenzó con una sequía extrema alrededor de 1931. Por los siguientes ocho años, apenas llovió en el sur de las Grandes Llanuras.

Con los campos secos y yermos, el viento se llevó la capa vegetal necesaria para la agricultura. Tormentas negras y espesas bloquearon el sol y convirtieron el día en noche. El polvo sin rumbo enterró tractores y granjas.

La tierra ya no era fértil ni llena de vida. Algo había salido muy, muy mal.

Tierra de promesas

Antes de que llegaran los granjeros, la pradera estaba cubierta de arbustos. Las plantas autóctonas estaban perfectamente adaptadas a las condiciones frecuentemente áridas de la pradera y a los vientos fuertes. Podían sobrevivir los ciclos de sequía. Sus raíces profundas y gruesas ayudaban a mantener el suelo en su lugar.

Desde la década de 1860, el Gobierno de los Estados Unidos había estado cediendo terrenos de la pradera a quienes quisieran establecer una granja. Estos "granjeros" viajaron al Oeste hasta la pradera, entusiasmados por las promesas de terrenos gratuitos, suelo fértil y clima benévolo.

Los granjeros esperan para presentar una solicitud de terrenos en Perry, Oklahoma, en 1893. Un cartel pintado a mano sobre la puerta dice: "Departamento de Tierras de los EE. UU.".

Los granjeros araron millones de acres de arbustos pradera para sembrar trigo. Al principio, llegaron las lluvias y crecieron los cultivos. Durante la década de 1920, el precio del trigo se elevó y los granjeros obtuvieron buenas ganancias. Con ese dinero, compraron tractores y pudieron arar incluso más terreno de la pradera y sembrar aún más trigo. En las ciudades abrieron teatros, escuelas y hoteles. Los pobladores se mudaron de casas hechas de adobe a casas hechas de madera y piedra. Eran buenas épocas.

El trabajo arduo y el fértil suelo de la pradera lo hicieron posible. A nadie le preocupó cómo habían modificado la pradera quitando las plantas autóctonas y arando la capa vegetal. No pensaron que el suelo podía necesitar recuperarse después de labrarlo tanto. Y no se les ocurrió que el suelo expuesto podía secarse y volverse tan liviano como el polvo.

Tractores de arado cortan profundamente el suelo. Esta práctica común produjo una capa vegetal más seca y más suelta. Los campos eran más vulnerables a los vientos fuertes.

"El suelo es el bien indestructible e inmutable que posee la nación. Es un recurso que no puede agotarse, que no puede consumirse".

—OFICINA DE SUELOS DE LOS EE. UU., 1908

Volver a comenzar

A comienzos de la década de 1930, bajó el precio del trigo. Para algunos granjeros, el precio del trigo ni siquiera alcanzaba para comprar las semillas. Así que no sembraron trigo, y dejaron los campos sin cultivos.

Luego llegaron las sequías. Los vientos levantaron y arrastraron el suelo seco y polvoriento hacia el cielo. Esto produjo terribles tormentas de polvo frecuentes que hicieron que la vida fuera difícil. La gente moría de una nueva enfermedad pulmonar llamada "neumonía del polvo". Los animales morían de hambre y los granjeros apenas tenían suficiente dinero para alimentar a sus familias.

Las condiciones empeoraron. El 14 de abril de 1935, ocurrió la peor tormenta de polvo. Un muro negro de polvo de aproximadamente 2,438 metros (8,000 pies) de alto sopló a través de Kansas, el oeste de Oklahoma y Texas. Ese día se conoció como "Domingo negro".

Ernie Pyle, un periodista que visitaba el Tazón de Polvo en 1936, escribió: "Es la tierra más triste que he visto". Era difícil imaginar que esa tierra se pudiera labrar de nuevo. Diez mil personas se mudaban del sur de las Grandes Llanuras cada mes en busca de un nuevo comienzo.

Muchos eligieron quedarse. Eran dueños de su tierra y no estaban dispuestos a mudarse a campamentos del Gobierno. Cerca había ciudades conocidas, amigos y familiares. El Gobierno proporcionó asistencia alimentaria y les pagó a los granjeros los cultivos y los animales que perdieron. Finalmente, en 1939, volvieron las lluvias. Para entonces, algunas partes de la pradera habían perdido el 75 por ciento de la capa vegetal.

Algunas familias abandonaron sus granjas en busca de trabajo. Pero era difícil encontrar trabajo durante la Gran Depresión. Los que se fueron tuvieron que vivir en campamentos temporarios del Gobierno.

"Es la tierra más triste que he visto".
—ERNIE PYLE, PERIODISTA

La tierra en la actulidad

En Washington, D.C., Hugh Hammond Bennett creía que las prácticas agrícolas inadecuadas habían producido el Tazón de Polvo.

Bennett era un científico de suelo del Gobierno. Quería cambiar la manera en la que se labraban las Grandes Llanuras. Quería educar a los granjeros sobre mejores prácticas agrícolas que protegieran el suelo.

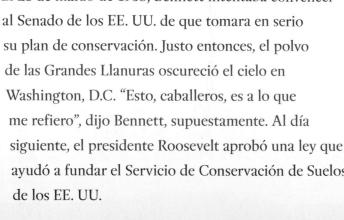

El 21 de marzo de 1935, Bennett intentaba convencer al Senado de los EE. UU. de que tomara en serio su plan de conservación. Justo entonces, el polvo de las Grandes Llanuras oscureció el cielo en Washington, D.C. "Esto, caballeros, es a lo que me refiero", dijo Bennett, supuestamente. Al día siguiente, el presidente Roosevelt aprobó una ley que ayudó a fundar el Servicio de Conservación de Suelos de los EE. UU.

El polvo de las Grandes Llanuras llegó a Washington D.C. Nubes de polvo bloquearon el sol. El día se hizo noche.

Las estrategias de conservación del suelo de Bennett aún se usan en la actualidad. Una estrategia es la agricultura de contorno. En la agricultura de contorno, los granjeros plantan en hileras que siguen la forma de una pendiente. Sembrar en hileras curvas, en lugar de rectas, ayuda a prevenir la **erosión**. Otra estrategia es la rotación de cultivos, o cambiar lo que se cultiva en un campo. Rotar los cultivos ayuda a desarrollar nutrientes para el suelo.

Hugh Hammond Bennett (derecha), primer Director del Servicio de Conservación de Suelos

Las estrategias de Bennett han ayudado a que la agricultura continúe en el sur de las Grandes Llanuras. Pero incluso los métodos de Bennett tienen un límite en condiciones áridas y ventosas. La sequía, la erosión y las tormentas de polvo azotaron de nuevo el área en la década de 1950, y aún siguen sucediendo allí en la actualidad. Muchos dicen que las Grandes Llanuras nunca se recuperaron completamente de esos terribles años del Tazón de Polvo.

En 2011, una importante tormenta de polvo sopló en Lubbock, Texas. Muchas personas la compararon con fotografías que habían visto del Tazón de Polvo. Las tormentas de polvo se han vuelto más comunes en el sur de las Grandes Llanuras porque la región ha estado en sequía. Si la sequía continúa, podría terminar siendo uno de los desastres naturales más costosos de la historia de los EE. UU.

Compruébalo   ¿Qué aprendieron las personas sobre el suelo a partir del Tazón de Polvo?

PRESERVAR EL SUELO

por Beth Geiger

JERRY GLOVER dice que los cultivos anuales pueden ser malos para el suelo y malos para nosotros. Glover es un **agroecologista**, estudia la relación entre los alimentos y el suelo. Él creció en una granja, pero no fue hasta que estuvo en la universidad que se percató de la conexión que tenemos con el suelo. "El suelo es de donde obtenemos los nutrientes", dice.

Dos trigales brillan bajo el iluminado cielo de Kansas. Uno es como la mayoría de los trigales bajo el sol. El otro puede ayudar a cambiar la manera en la que se cultivan los alimentos.

Los métodos agrícolas han mejorado desde el Tazón de Polvo. Pero el 80 por ciento de los cultivos de la Tierra, incluido el trigo y otros granos, son **anuales.**

Para reflexionar

Las plantas anuales crecen solo por un año, lo que significa que los granjeros deben volver a sembrar las semillas cada primavera. Los cultivos anuales también tienen raíces poco profundas. A las raíces les cuesta absorber nutrientes del suelo o reponer esos nutrientes. Una vez que se las cosecha, las plantas mueren. El suelo descubierto está expuesto a la **erosión.** Con el tiempo, el suelo se vuelve menos fértil. Lo que el suelo necesita son sistemas de raíces y a los organismos que viven en las raíces para que agreguen nutrientes. Sin estas cosas, los granjeros deben agregar fertilizantes. Los fertilizantes son caros y pueden dañar a los organismos naturales que mantienen la salud del suelo. Incluso pueden llegar a los alimentos que comemos.

Jerry Glover ayudó a crear el trigal de Kansas, que puede cambiar la manera en la que se cultivan los alimentos. Se ubica en el Instituto de la Tierra, un establecimiento de investigación. El trigal se ha sembrado con granos que son **perennes,** no anuales. Las plantas perennes crecen de nuevo año tras año. Las anuales no. Las plantas perennes tienen raíces profundas de larga vida que ayudan a enriquecer el suelo. No se necesita la fertilización. Esto ahorra dinero y ayuda a mantener el equilibrio natural de nutrientes en el suelo. Los cultivos perennes también protegen el suelo de la erosión todo el año.

Crecer, crecer, morir

¿Por qué no hay más cultivos perennes? Es porque los cultivos de granos anuales generalmente producen más alimentos que los cultivos de granos perennes. Jerry Glover planea cambiar esto.

En la mayoría de los granos, Glover explica, la parte que se come es la semilla. Por lo tanto, durante siglos, los agricultores han producido cultivos con semillas grandes. Los cultivos producen altos rendimientos, pero mucha de la energía de las plantas se consume en la producción de semillas grandes. Estas plantas no pueden sobrevivir inviernos fríos o sequías.

Las plantas perennes consumen mucha de su energía para sobrevivir todo el año. Eso implica que tienen raíces más profundas y hojas más grandes. Gastan menos energía en la producción de las semillas grandes que los granjeros quieren.

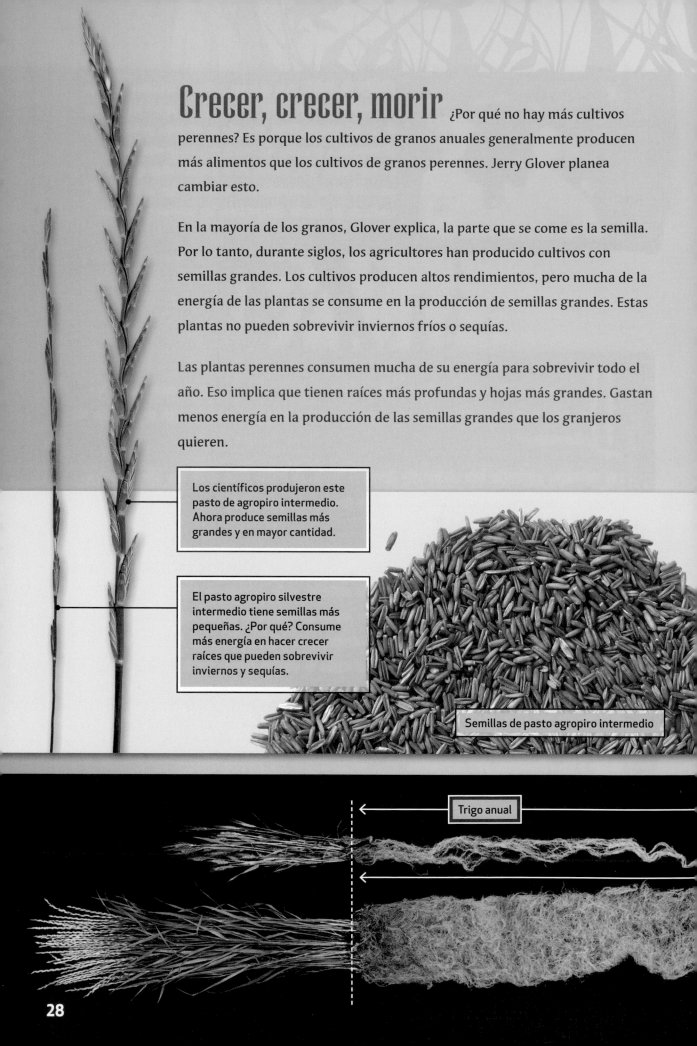

Los científicos produjeron este pasto de agropiro intermedio. Ahora produce semillas más grandes y en mayor cantidad.

El pasto agropiro silvestre intermedio tiene semillas más pequeñas. ¿Por qué? Consume más energía en hacer crecer raíces que pueden sobrevivir inviernos y sequías.

Semillas de pasto agropiro intermedio

Trigo anual

Volver a las raíces

El desafío es crear nuevos cultivos de granos que sean perennes, pero que aún así produzcan altos rendimientos.

Antes de que los agricultores las domesticaran (domaran), la mayoría de las plantas de granos nacían en la naturaleza como perennes. En el Instituto de la Tierra, los científicos cruzan plantas de cultivo anuales "progenitoras" con sus primas perennes silvestres. "Seleccionamos parientes perennes con características como mayor tamaño de la semilla, semillas abundantes y resistencia a las plagas", dice Glover. Estas nuevas plantas híbridas, o mixtas, son una nueva especie. Por ejemplo, el Instituto de la Tierra ha cultivado una nueva especie de pasto agropiro intermedio perenne que produce un nuevo tipo de harina llamado Kernza.

En el mejor de los casos, una nueva planta perenne de cultivo produciría un cultivo de alimento de alto rendimiento y sobreviviría muchos años. ¿Y en el peor? La planta produciría un bajo rendimiento o no sobreviviría de un año al otro. Por ahora, es muy pronto para saberlo.

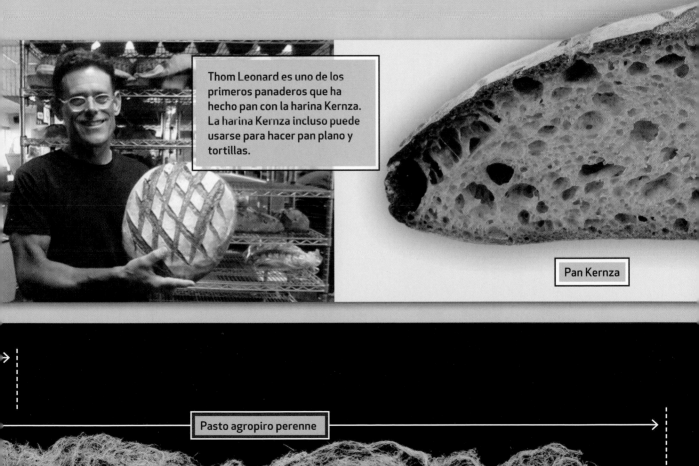

Thom Leonard es uno de los primeros panaderos que ha hecho pan con la harina Kernza. La harina Kernza incluso puede usarse para hacer pan plano y tortillas.

Pan Kernza

Pasto agropiro perenne

Arraigar las perennes

Jerry Glover imagina los cultivos perennes como el futuro de la agricultura. Prevé campos agrícolas que se sustentarán a sí mismos. Estos campos no dañarán el suelo ni necesitarán muchos fertilizantes. "Podemos concebir la agricultura de una manera totalmente nueva", agrega Sieg Snapp, agroecologista de la Universidad Estatal de Michigan.

Algunos cultivos perennes quizá no estén listos hasta dentro de veinte años. Otros quizá brillen debajo de ese cielo de Kansas más pronto. ¿Alguien quiere galletas de harina Kernza?

"El gandul es casi el único alimento que se puede cultivar extensamente como grano perenne", dice Glover. El gandul crece en climas tropicales y ha demostrado que intensifica la fertilidad del suelo. Ya es un cultivo popular en África".

La mimosa de pradera tiene semillas nutritivas. Las semillas se pueden usar para producir aceite de cocina. Hasta ahora, solo ha producido semillas pequeñas y bajos rendimientos. Snapp dice que la mimosa de pradera está "bastante lejos" de poder cultivarse.

El pasto agropiro intermedio dura solo dos años hasta que muere y se debe sembrar de nuevo. Pero los científicos lo están mejorando. Un día sus semillas quizá aparezcan en tu tostada.

El sorgo es un cultivo de clima cálido. Se lo cultiva como alimento y forraje. En los EE. UU., el sorgo perenne está "cerca de estar listo para hacer su debut", dice Snapp.

Compruébalo   ¿Cómo pueden las plantas perennes ayudar a la agricultura en el futuro?

Comenta

1. ¿Cuáles crees que son algunas propiedades del suelo que conectan las cuatro lecturas de este libro?

2. Después de leer "La Tierra en movimiento", ¿crees que se debería permitir construir casas en terrenos inestables? Usa ejemplos del texto y tus propias ideas para apoyar tu respuesta.

3. ¿Cuáles fueron algunas de las causas del Tazón de Polvo? ¿Cuáles fueron algunas lecciones que se aprendieron a partir de esto?

4. Describe el problema que Jerry Glover y otras personas intentan resolver en "Preservar el suelo". Luego explica su solución.

5. ¿Qué preguntas sigues teniendo sobre el suelo? ¿Qué investigación podrías hacer para saber más?